Monika
e il desiderio

Un capolavoro di Ingmar Bergman

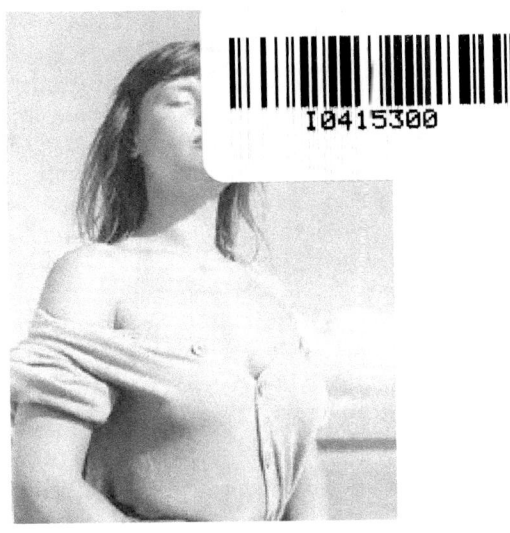

Saggio

Salvatore M. Ruggiero

DUE DEDICHE:

A Ingmar Ernst Bergman, il più grande[1];

A Harriet Andersson, una delle più grandi[2]

(… e una delle mie attrici preferite).

---

[1] Woody Allen definì Ingmar Ernst Bergman *The best director ever* e aggiunse la sua personale classifica dei registi mondiali: *A un certo livello c'è la generalità dei registi, che, anno dopo anno, forniscono, e bene, al pubblico, un solido prodotto d'intrattenimento. A un livello superiore ci sono artisti che fanno film che sono più profondi, più personali, più originali, più emozionanti. E, infine, sopra a tutti, c'è Ingmar Bergman, che, probabilmente, è il più grande artista del cinema, tutto sommato, dal momento dell'invenzione della macchina da presa.*

[2] *…Sicuramente uno degli elementi straordinari del film è Harriet Andersson. Sicuramente una delle più grandi attrici mai esistite.(…) … Se lei la vede in* Monica e il desiderio *e in* Sussurri e grida, *io credo che lei sia una delle più grandi attrici del mondo. (…) Una persona con una forza singolare ma vulnerabile. Con una vena di genialità nel suo talento.* (Olivier Assayas e Stig Bjorkman, *Conversazione con Ingmar Bergman*, Lindau, Torino, 1994).

UNA FRASE

"Ma voi vi renderete certamente conto che quando si è artisti, quando si creano film, è molto importante non essere logici. Bisogna essere incoerenti. Se si è logici, la bellezza sfugge, scompare dalle tue opere. Dal punto di vista delle emozioni bisogna essere illogici, è proibito non esserlo. Ma se si ha fiducia nelle proprie emozioni, allora si può essere del tutto incoerenti. Non fa nulla. Perché si ha il potere di cogliere le conseguenze delle emozioni che hai suscitato. Per sempre."

(Ingmar Bergman dal libro: *Conversazione con Ingmar Bergman*, di Olivier Assayas e Stig Bjorkman)

PRESENTAZIONE

A voler essere sintetici il film *Monica e il desiderio*, uno dei più noti di Ingmar Bergman (anche per via del grande scandalo che seguì alla sua uscita), non certo uno dei più grandi, elabora: ..."*la storia di una ragazza che seduce un uomo, fuggono, trascorrono insieme l'estate al limite della legalità e, giunto l'inverno, tornano in città, hanno dei problemi e si lasciano.*[3]"

I motivi per cui il film fece rumore, ebbe successo, sebbene a molti mesi dalla sua uscita, e resta una pietra miliare nel cinema di Ingmar Bergman sono sostanzialmente tre:

    1) Costituì il lanciò definitivo di una giovane attrice, appena diciannovenne, bellissima e

---

3 *Conversazione con Ingmar Bergman* di Olivier Assayas e Stig Bjorkman.

sfrontata: Harriet Andersson. Peraltro sconsigliata caldamente al Maestro da un anziano regista che aveva lavorato in precedenza con lei.

2) Fu pesantemente mutilato dalla forbice della censura che pensò bene di eliminare alcune scene erotiche che avevano per protagonista la bellezza fisica e travolgente della Andersson. *"Monica è essenzialmente corpo da nutrire, sesso da soddisfare, sorgente da alimentare.[4]"*

3) Da esso scaturisce una curiosa quanto proficua *querelle* di giudizi critici da parte di alcuni noti esponenti della *Nouvelle Vague* francese, il più noto dei quali fu il critico dei *Cahiers du cinema* e regista a sua volta, Jean-Luc Godard.

---

4 S.Arecco, *Ingmar Bergman, Segreti e magie.*

SINOSSI

Monika e Harry Lund, due giovani in cerca di vita e d'amore, si conoscono in uno squallido bar. Insoddisfatti dell'umile lavoro, della paga modesta, della vita grama e del ruolo irrilevante che occupano nella società, decidono di fuggire insieme e di girare il mondo vivendo alla giornata. Raggiunta in motoscafo Orno, un'isola deserta nell'arcipelago di fronte a Stoccolma, vi si installano vivendo quasi allo stato brado. Si sostengono mangiando funghi spontanei raccolti nel bosco, frutti selvatici, frutta rubata dai frutteti vicini e, perfino, un trancio d'arrosto sottratto (da Monika) al buffet di una villa sull'isola vicina. Trascorrono le lunghe giornate estive scherzando e facendo l'amore, oziando, parlando, osservando il tramonto e bagnandosi in mare. Monika, che ha tanta voglia di vivere e di divertirsi, lascia a briglie sciolte la sua bellezza e la sua femminilità, con prorompente fisicità. Almeno fino a quando non si accorge di essere in cinta e si vede costretta a confessarlo ad Harry. Alla fine dell'estate decidono d'interrompere la fuga e di tornare in città con l'intento di regolare il loro rapporto, aiutati dalla vecchia zia di Harry. Cosa che puntualmente avviene. Ma, dopo un litigio violento, nel quale Harry accusa Monika d'adulterio - che lei nega, confessando tuttavia d'amare ancora la sua vecchia fiamma Lelle - si lasciano.

Il film finisce con un *flash-back* nel quale Harry rivede in uno specchio i felici momenti estivi passati insieme a Monika.

…E un motoscafo si allontana sull'acqua.

STORIOGRAFIA

Da quando mi sono imbattuto nel grande cinema di Ingmar Ernst Bergman - e, di conseguenza, avendolo ritenuto in pratica inevitabile, ho iniziato ad interessarmene, a visitarlo spesso, quindi ad amarlo, infine, inusitatamente, addirittura a scriverne.[5] - circostanza che, ovviamente, considero molto fausta e che, pressappoco, coincide con la scoperta del cinema in generale - che ho iniziato a frequentare e ad amare, ma di cui, per fortuna del mio lettore, non ho iniziato a scrivere - mi sono proposto di vedere e rivedere regolarmente quanti più film fosse possibile e, tra di essi, ovviamente, l'intera produzione

---

5 Dello stesso autore sono stati pubblicati, per i tipi di Lulu.com, altri libri su Ingmar Bergman: *Il genio di Uppsala. Il grande cinema di Ingmar Ernst Bergman spiegato a chi lo ignora; Parla con Bergman, 116 aforismi del Maestro; Faro magica; Un'estate con Minika.* In più sta lavorando a una serie di analisi monografiche su tutti i film di Bergman.

del *Genio di Uppsala*[6]. Devo qui ammettere, dovendo sforzarmi di trattenere a stento una buona dose di intimo disappunto, che il secondo dei due obiettivi - quello prevedibilmente meno facile - è stato, nei fatti raggiunto, anche se solo parzialmente. Per motivi oggettivi e soggettivi, alcuni dei film di Ingmar Bergman - per fortuna sono una minoranza - specie quelli appartenenti di buon diritto al novero degli introvabili o dei difficilmente reperibili - ancora mancano, infatti e purtroppo, alla mia collezione. Testardamente, non dispero di poterne, alla fine, venire in possesso, per vederli e rivederli per il mio esclusivo piacere. Il primo dei due obiettivi - oggettivamente, il più facile da perseguire e da conseguire -

------

6 *Quando si tratta di film, voglio essere me stesso... penetrare nei segreti che si trovano dietro le pareti della realtà.* (Ingmar Bergman, *Immagini*, Milano, Garzanti 1992)

dipendeva solo da me e dalla facoltà con la quale dispongo del mio tempo libero. E di tempo - grazie a Dio - ai miei impegni lavorativi e alla mia famiglia, non senza un pizzico di rincrescimento, riesco a rubarne abbastanza per coltivare le mie passioni: la lettura, la scrittura, il cinema. Ma mi accorgo ora di avere una pericolosa tendenza a divagare. Chiedo venia al mio lettore e riprendo subito il filo del discorso. Quel giorno fatidico - dicevo - avevo da poco terminato la mia ennesima, solitaria visione privata dedicata proprio al film in oggetto: *Sommaren med Monika*[7]

_____

7 I *distributori italiani hanno tradotto improvvidamente il sincero* Sommaren med Monika (Letteralmente: Un'estate con Monica, N.d.A.) *con un più pruriginoso* Monica e il desiderio, *che fu proiettato nei nostri cinema solo nel 1961, sull'onda del successo internazionale di Bergman,* (arrivato con Det sjunde inseglet, Il settimo sigillo, 1957; Smulltronstallet, Il posto delle fragole, 1958; Jungfrukallan, La fontana della vergine, 1959; N.d.A.). *Quel titolo bizzarro è così rimasto appiccicato ad un*

(*Monica e il desiderio* - 1952). Per i pochi che non lo sapessero, è uno dei film più conosciuti, fra i tanti - tutti molto conosciuti, peraltro - diretti da Ingmar Bergman[8]. Ed è anche uno dei miei film preferiti del mio regista preferito in assoluto (questo s'era già capito da un pezzo). Sempre a beneficio della sparuta minoranza che ancora non lo sapesse, è stato anche uno dei film preferiti, di uno dei registi preferiti, di Jean-Luc Godard, apprezzato critico cinematografico francese e buon direttore anche lui. Come vedremo in seguito egli vergò,

---

film che racconta la storia di un amore giovanile, quasi fosse una parabola evangelica, fatto d'illusione, gioia e poi amarezza e abbandono. (Aldo Garzia, *Bergman The Genius*, Editori Riuniti, 2010). Niente di meglio, del resto, accadde negli Stati Uniti dove il titolo del film fu tradotto con un molto banale e fuorviante: *The story of a bad girl,* Sic! (N.d.A.).

8 Per la filmografia completa di Ingmar Ernst Bergman si rimanda alla pag. 85 del Saggio dello stesso autore: *Il genio di Uppsala. Il grande cinema di Ingmar Ernst Bergman spiegato a chi lo ignora.*

in favore del cinema di Ingmar Bergman, giudizi entusiastici e concetti significativi, oltre che in alcuni suoi libri, anche per la mitica rivista di cinema francese: *Cahiers du Cinema*[9]. Sfortunatamente (o fortunatamente) la filmografia di Ingmar Bergman non consente una classificazione in periodi. Data la sua complessità e l'estrema originalità delle creazioni solo per alcuni film è possibile una divisione in gruppi, peraltro assai grossolana e, a mio avviso, non corretta. Purtuttavia si potrebbe, a buona ragione, affermare che storicamente il film di cui trattiamo qui appartiene al cd. *periodo romantico*[10], dedicato dal regista in

---

9 La più importante ed autorevole rivista di critica cinematografica del mondo.

10 Ne fanno parte i film: *Sommarlek* (*Un'estate d'amore*, 1951); *Kvinnors vantan*, (*Donne in attesa*, 1952); *Sommaren med Monika* (*Monica e il desiderio*, 1952); *Gyklarnas afton* (*Una vampata d'amore*, 1953); *En lektion i karlek* (*Lezione d'amore*, 1954); *Kvinnodrom* (*Sogni di donna*, 1955); *Sommarnattens*

larga parte alle donne, perché proprio in esso *per primo, Bergman aveva cominciato a fare il punto e per esteso sulla condizione femminile, sul ruolo della donna nella società moderna e a preconizzare certe sue importanti conquiste sessuali[11]*. Ed è uno dei primi dopo il cd. *periodo neorealista[12]*. Il film di Ingmar Bergman - molto apprezzato anche da numerosi altri autorevoli esponenti della *Nouvelle Vague* francese[13] - fu girato nel 1952;

---

leende (Sorrisi di una notte d'estate, 1955).

11 Salvatore M.Ruggiero, *Il genio di Uppsala. Il grande cinema di Ingmar Ernst Bergman spiegato a chi lo ignora*, Lulu.com Edizioni, 2012, pag.9.

12 O *dell'epoca del disagio socio-economico svedese*: *Kris* (Crisi, 1946); *Det regnar pa var karlek* (Piove sul nostro amore, 1946); *Skepp till India land* (La terra del desiderio, 1947); *Musik i morker* (Musica nel buio, 1948); *Hamnstad* (Città portuale, 1948); *Fangelse* (Prigione, 1949); *Torst* (Sete, 1949); *Till gladje* (Verso la gioia, 1950); *Sant hander inte har* (Questo non accadrebbe qui, 1950).

13 *Il film non fu accolto dalla critica in modo favorevole. I temi della sceneggiatura, la tecnica*

uscì nelle sale svedesi nel 1953;
approdò in Francia già nel 1954.
Mentre in Italia sarà distribuito solo
nel 1961, sulla scorta dei grandi
capolavori bergmaniani della seconda
metà degli anni '50[14] Il primo dei
jeunes turcs[15] ad attirare l'attenzione
della critica francese sul cinema di
Ingmar Bergman, fu Eric Rohmer, nel
1956. Avvenne per l'occasione di una
retrospettiva   dedicata   al   cinema

---

*sperimentale delle riprese, le caratteristiche del
personaggio di Monica erano un pugno nello stomaco
della Svezia degli anni 50.* (Aldo Garzia, *Bergman The
Genius*, Ed.Riuniti, 2010)

14I film successivi al cd. *"periodo romantico"*, i
grandi capolavori dell'arte cinematografica, dell'arte
alta come così alta non era mai stata: *Kvinnodrom
(Sogni di donna,* 1955); *Sommarnattens leende
(Sorrisi di una notte d'estate,* 1955); *Dat sjunde
inseglet (Il settimo sigillo,* 1956); *Smullstronstallet (Il
posto delle fragole,* 1957); *Nara livet (Alle soglie della
vita,* 1958); *Ansiktet (Il volto,* 1958); *Jungfrukullan
(La fontana della vergine,* 1960)

15 I giovani critici cinematografici francesi radicali di
sinistra dei *Cahiers du Cinema.*

scandinavo nel suo complesso, organizzata, a Parigi, dalla *Cinematheque Francaise*. Nel 1958 un'altra retrospettiva fu organizzata sempre a Parigi. Ma dedicata stavolta, dalla *Cinémathèque Francaise*, al cinema di Ingmar Bergman, celebrato come cineasta dell'anno e riconosciuto definitivamente come Maestro del cinema mondiale[16]. In quell'occasione Jean-Luc Godard magnificò l'opera di Ingmar Bergman in un suo splendido analitico articolo dedicato al film *Sommaren med Monika* (*Monica e il desiderio* - 1952) apparso sulla rubrica *Arts*. E passò ancora più analiticamente in rassegna l'intera opera del regista svedese in un altro studio pubblicato nel numero 85 dei *Cahiers du Cinema*, intitolato appunto: *Bergmanorama*[17].

16 J.L.Godard, *Bergmanorama,* in *Cahiers du cinema*, n. 85, 7/1958.

17 *Bergmanorama* è anche il nome di uno dei siti più curati ed importanti tra tutti quelli dedicati nel Web ad

"Esistono film di cui non si può dire niente, se non affermarne la bellezza. Un'estate d'amore[18] è come un bicchiere d'acqua, c'è una tale purezza! (...) Il cinema non è un mestiere. E' un'arte. Non significa lavoro di gruppo. Si è sempre soli; sul set come davanti alla pagina bianca. E per Bergman essere solo significa porsi delle domande. E fare film significa rispondere ad esse.[19] Niente potrebbe essere più classicamente romantico."

Ingmar Bergman.

18 Altro famosissimo film di Ingmar Bergman, *Sommarlek* - 1951.

19 Senza avere l'ardire di contraddire un mostro sacro del cinema e della critica cinematografica, mi sia però concesso di dissentire da questa personale opinione di J.L.Godard: Ingmar Bergman non ha mai sostenuto di avere le risposte ai numerosi e ponderosi quesiti che pone nei suoi film …*"Ha usato il suo cinema per porsi una notevole quantità di domande, e per cercare al contempo delle risposte plausibili…Alcune sono venute, altre sono mancate…"* (*Il Genio di Uppsala*, Salvatore M.Ruggiero, Lulu.com Ed., 2012)

Con questi suoi lavori Jean-Luc Godard ebbe il merito di suscitare la curiosità generale, e il proliferare di altre importanti, autorevoli recensioni, firmate, tra gli altri, dai suoi colleghi critici-registi: Andrè Bazin, Andrè S. Labarth e Jacques Rivette. Pare pleonastico ricordare qui come quel massiccio interessamento dei francesi al film e al cinema di Ingmar Bergman abbia contribuito non poco alla nascita, alla diffusione e alla continuità del mito cinematografico che, fino ad oggi, ha accompagnato incessantemente - e per i prossimi decenni accompagnerà ancora - il film, l'attrice, il regista. "... *La ripresa di* Monica e il desiderio *nel circuito commerciale è l'evento cinematografico dell'anno. (...) Snobbato quando uscì sui boulevards* Monica *è il film più originale del più originale dei cineasti. Sta al cinema di oggi come* Nascita di una nazione[20] *sta al cinema classico. Così come Griffith influenzò Ejzenstejn, Gance, Lang, così* Monica, *con cinque anni d'anticipo, portava al suo apogeo quella rinascita del giovane cinema moderno di cui erano i sacerdoti Fellini in Italia, Aldrich a Hollywood, (e forse sbagliammo a crederlo) Vadim in Francia. (...) Bergman è il cineasta dell'istante. La sua cinepresa cerca una cosa sola: riuscire a cogliere il secondo presente in quello che ha di più sfuggevole e approfondirlo per dargli valore eterno. (...) Come moderni Robinson Crusoe, Monica e il suo ragazzo, armati solamente di un sacco a pelo per riparare il loro amore, volteranno presto le spalle alla gioia per sprofondare nella nausea. Il regista francese fu affascinato dalla sequenza in cui Monica (Harriet*

---

20 *The Birth of a Nation* (1915) di David W.Griffith.

Andersson) fissa ostinatamente la macchina da presa. Lo fece ben cinque anni prima di Gelsomina (Giulietta Masina), nel personaggio felliniano del film La strada.[21] *Bisogna aver visto Monica -* disse *- non fosse che per quegli straordinari minuti durante i quali Harriet Andersson, prima di tornare nuovamente a letto con il tipo che aveva lasciato* (Lelle, n.d.A.) *guarda fisso la cinepresa, i suoi occhi ridenti velati di sgomento, prendendo lo spettatore a testimone del disprezzo che ha di se stessa per aver scelto involontariamente l'inferno invece del cielo*[22]. *(...) E' il primo piano più triste*

---

21 Sergio Trasatti, *Ingmar Bergman*, Ed. Il Castoro, Milano, 1995. Quasi sicuramente il critico confonde il film di Fellini: non si tratta, infatti, de *La strada* ma di *Giulietta degli spiriti*.

22 *"Per la donna esisteva la possibilità di fare la vita in modo libero e artigianale, collocandosi in una dimensione ambigua e non priva di pericoli."* (Claudio Papini, *Ben ritrovato Ernst Bergman,* De Ferrari Ed., Genova 2011)

della storia del cinema.[23] (...) Monica
*è il primo film baudelairiano. Solo
Bergman è capace di filmare gli
uomini come li amano ma li detestano
le donne e le donne come le detestano
ma le amano gli uomini.*"
Aggiungendo, alla fine della sua
enfatica recensione: "... *Ognuno dei
suoi film nasce da una riflessione dei
protagonisti sul presente,
approfondisce tale riflessione
attraverso una sorta di frantumazione
della durata, un po' alla maniera di
Proust, ma con maggiore forza, come
se Proust fosse stato moltiplicato da
Joyce e Rousseau insieme, e infine
diventa una gigantesca e smisurata
meditazione a partire da
un'istantanea. Un film di Bergman è
per così dire 1/24 di secondo che si
trasforma, si dilata in un'ora e mezza.*

---

23 *"Che cosa sognavamo quando Monika uscì sugli
schermi parigini?"* Si chiede entusiasta Jean-Luc
Godard in: *Monika, Arts,* n.680, 30 Luglio 1958.

E' il mondo fra due battiti di palpebre,
la tristezza fra due battiti di cuore, la
gioia di vivere tra due battiti d'ali.[24]"
In *Bergmanorama* Jean-Luc Godard
distinse e contrappose due tipi di
cinema: il cinema rigoroso e il cinema
libero. Tra gli esponenti del secondo
tipo incluse, appunto, Ingmar
Bergman. I giovani critici radicali di
sinistra francesi dei *Cahiers du
Cinema* (Rohmer; Godard, Rivette,
Chabrol, Truffaut) se ne ricorderanno
al momento di passare alla regia e
terranno bene a mente la fondamentale
lezione bergmaniana.[25] "*Quanto
all'uso funzionale del paesaggio,
Godard osserva che Bergman è l'unico
cineasta moderno che non rifiuta i
procedimenti cari agli avanguardisti*

---

24 Jean-Luc Godard, *Monika*, Arts, n.680, 30 Luglio
1958.

25 Jacques Mandelbaum, *Maestri del Cinema:
Ingmar Bergman*, Cahiers du Cinema, Sarl, Parigi,
2007.

degli anni trenta: sovrimpressioni alla Delluc; riflessi nell'acqua di Kirsanoff; controluce alla Epstein.[26] *Non sono giochi gratuiti della macchina da presa o prodezze dell'operatore. Bergman sa sempre integrarli alla psicologia dei personaggi nell'istante preciso in cui deve esprimere un sentimento preciso.*[27] Emblematica, da questo punto di vista, la carrellata del motoscafo che, all'inizio del film, abbandona Stoccolma ancora addormentata. Altrettanto emblematica la carrellata del motoscafo che, alla fine del film, arriva in una Stoccolma che si va addormentando.

Indubbiamente un altro incontro, altrettanto fortuito e fortunato, ma

26 Sergio Trasatti, *Ingmar Bergman*, Ed. Il Castoro, Milano, 1995.

27 Jean-Luc Godard, *Il cinema è il cinema*, Garzanti, Milano 1981.

ugualmente decisivo per la realizzazione del suo celeberrimo film, fu quello che Ingmar Bergman, alla ricerca della protagonista, ebbe con Harriet Andersson. Attrice emergente, dal gradevolissimo aspetto personale, eccezionalmente fotogenica ed incredibilmente disinvolta. Lei non solo si rivelò adattissima al ruolo ma si calò subito e perfettamente nella parte. "... *Avevo appena scoperto Harriet. (...) Lei aveva già recitato in qualche film, così ho chiesto a un regista che aveva lavorato con lei se pensava che avrei potuto assegnarle la parte. <Non credo* - rispose - *se lo fa, sarà a suo rischio e pericolo.> (...) Per la parte di Monica fu scelta una giovane attrice che recitava in spettacoli di varietà allo Scala Teater, con calze a rete ed eloquenti spacchi nel vestito. (...) Aveva qualche esperienza cinematografica ed era fidanzata con* *un giovane attore. (...) Ero affascinato da quella ragazza. Lei lavorava in un music-hall con una compagnia incredibile: cantava, ballava, raccontava storielle sconce.*[28] *(...) A fine luglio ci portammo in una delle più remote isole dell'arcipelago per girare gli esterni.* Monica e il desiderio *era stato programmato come film a budget ridotto, con risorse limitate e un minimo di personale. Abitavamo al Klockargarden di Orno e ogni mattina coprivamo un percorso di alcune ore con le barche dei pescatori per arrivare a un pittoresco gruppo di isole nell'estremo arcipelago. Fui subito preso da un'euforica spensieratezza. I problemi professionali, economici e matrimoniali calarono dietro all'orizzonte. Conducevamo una vita*

---

28 Olivier Assayas e Stig Bjorkman, *Conversazione con Ingmar Bergman*, Lindau, Torino, 1994.

protetta, all'aria aperta, lavoravamo di giorno, di sera, all'alba e con qualsiasi tempo. Le notti erano brevi, il sonno senza sogni.[29]

Harriet Andersson sembrava, anzi lo era, il perfetto *alter-ego* di Monica. Perciò, fu quasi inevitabile che diventasse subito la compiuta personificazione e la definitiva icasticizzazione della bella, giovane, ribelle e sfrontata Monica. L'alchimia che si era creata fin da subito tra il regista e l'attrice protagonista (determinata, oltre che dalla stupefacente bellezza della giovane donna, anche dalla straordinaria naturalezza e disinvoltura con la quale l'attrice s'impossessò di quel ruolo - peraltro non facilissimo - e lo recitò, in qualche scena, anche completamente nuda) fu perfetta. La giovanissima e

29 Ingmar Bergman, *Lanterna magica*, Garzanti, Milano 1987.

quasi esordiente Harriet Andersson (all'epoca delle riprese aveva solo diciannove anni) divenne l'icona del film e, in seguito, una delle attrici feticcio del Maestro. Non bastasse questo, negli anni immediatamente successivi, e anche dopo un trentennio, fu la protagonista in ben nove film di Ingmar Bergman.[30] E fu in quegli anni e per un periodo, per la verità, non troppo lungo, anche la compagna di vita del regista. Così lo stesso Ingmar Bergman racconta quanto accadde in

---

30Harriet Andersson partecipò a nove film di Bergman, ponendosi al secondo posto nella classifica delle attrici bergmaniane, a pari merito con Liv Ullman e superata solo da Bibi Andersson con undici partecipazioni: *Sommaren med Monika* (*Monica e il desiderio,* 1953); *Gyklarnas afton* (*Una vampata d'amore,* 1953); *En lektion i karlek* (*Una lezione d'amore,* 1954); *Kvinnodrom* (*Sogni di donna,* 1955); *Sommarnattens leende* (*Sorrisi di una notte d'estate,* 1955); *Sasom i en spegel* (*Come in uno specchio,* 1961); *For atte inte tala om alla dessa kvinnor* (*A proposito di tutte queste signore,* 1964); *Viskningar och ropo* (*Sussurri e grida,* 1972); *Fanny och Alexander* (*Fanny e Alexander,* 1982).

quei giorni, nella sua autobiografia.[31]
"...*Quando tornammo dalla nostra avventura sull'arcipelago, raccontai a Gun* (la moglie di Bergman, n.d.A.) *quel che era successo e le chiesi qualche mese di respiro, perché sia io che Harriet eravamo convinti che la nostra relazione non sarebbe durata a lungo. Gun andò su tutte le furie e mi mandò all'inferno. Io rimasi stupito dalla sua collera possente, mai prima osservata, e provai un gran sollievo. Misi in valigia alcune cose di mia proprietà e mi trasferii di nuovo nel monolocale.*"

Ingmar Bergman racconta ancora di Harriet Andersson. "... *Quando dovetti fare* Monica e il desiderio, *presso la direzione della produzione l'incertezza era grande. Domandai a Gustaf Molander di Harriet. Lui mi guardò e,*

31 Ingmar Bergman, *Lanterna magica*, Garzanti, Milano 1987.

strizzando l'occhio, disse: <Se tu credi di poter ricavare qualcosa da lei è divertente.> Soltanto più tardi capii il sottinteso gentile e scabroso che si celava nella raccomandazione del regista più anziano. (…) Harriet era molto bella. Aveva diciannove anni. Abbiamo fatto il film. Quello è stato un periodo bellissimo. (…) La macchina da presa s'innamora di quella ragazza.[32] Anche perché la sua relazione con la macchina da presa è diretta e sensuale. Ha inoltre una tecnica superba e si muove velocissima tra la più intensa ispirazione e la sobria osservazione. Il suo umorismo è aspro, ma mai cinico. Una persona amabile e una delle mie più care amiche.[33] (…) Lei ha una storia d'amore con la macchina da

32 Olivier Assayas e Stig Bjorkman, *Conversazione con Bergman*, Lindau, Torino 2007.

33 Ingmar Ernst Bergman, *Lanterna magica*, Garzanti, Milano 1987.

presa.[34] (…) *La macchina da presa la stimola e lei se ne sente estremamente stimolata. Una relazione molto strana...*[35] (…) *Se lei la vede in* Monica *e il desiderio e poi in* Sussurri e grida... *io credo che lei... insomma... che lei sia una delle più grandi attrici del mondo.*[36] (…) *Non so spiegarlo... Non so spiegarlo... Ma era meraviglioso lavorare con lei perché è una persona piena di vita. Tecnicamente perfetta...*[37].*"*

Ingmar Ernst Bergman, che firmò la pellicola, nel suo libro-diario[38], così descrive la sua attrice impegnata nella stessa famosissima sequenza. "…

34 Olivier Assayas e Stig Bjorkman, *Conversazione con Bergman*, Lindau, Torino 2007.

35 Olivier Assayas e Stig Bjorkman, *Conversazione con Bergman*, Lindau, Torino 2007.

36 Ibidem.
37 Ibidem.
38 Ingmar Bergman, *Immagini,* Milano, Garzanti 1992.

Harriet Andersson è uno dei geni della cinematografia. Se ne incontrano soltanto alcuni esemplari durante il cammino tortuoso attraverso la giungla di questo mestiere. Ecco un esempio. L'estate è finita. Harry non è in casa, Monika esce con Lelle. Al caffè lui fa suonare il juke-box. Nel fracasso dello swing la cinepresa si volta verso Harriet. Lei sposta lo sguardo dal suo partner direttamente sull'obiettivo. Così veniva stabilito, all'improvviso e per la prima volta nella storia del cinema, un impudico contatto diretto con lo spettatore."

Sempre Ingmar Bergman, parla ancora del suo film, ricordando i bei momenti in cui girava sull'isola di Orno. "… *Devo dire che* Monica e il desiderio *è un film fatto per gioco. Fui subito preso da un'euforica spensieratezza. I problemi professionali, economici e matrimoniali calarono dietro all'orizzonte. Conducevamo una vita piuttosto protetta, all'aria aperta, lavoravamo di giorno, di sera, all'alba e con qualsiasi tempo. Le notti erano brevi, il sonno senza sogni. (...) La mia idea era di fare un film a basso costo, in condizioni improntate a una rigorosa semplicità, lontano dagli studi e riducendo al massimo il personale. Non ho mai fatto un film meno complicato di* Monica. *Tiravamo semplicemente avanti e si girava. Ci rallegravamo della nostra libertà. Il successo di pubblico fu considerevole."*

Né bastò a cambiare quello stato d'animo di sublime esaltazione descritto così enfaticamente dal regista un infausto incidente. L'inusitato quanto disgraziato errore, nello sviluppo della pellicola già girata, che costrinse la troupe a rifare tutto il lavoro di ripresa dall'inizio. "... *Dopo* tre settimane di fatiche mandammo a sviluppare i nostri risultati. A causa di una macchina difettosa, il laboratorio fece un graffio di migliaia di metri sulla pellicola e bisognò rifare quasi tutto. Per salvare le apparenze piangemmo qualche lacrima ipocrita, ma eravamo segretamente felici per la nostra prolungata libertà. Girare un film è un'operazione intensamente erotica.[39] La vicinanza con gli attori non conosce riserve, ognuno si affida totalmente all'altro. L'intimità, l'affetto, la dipendenza, la tenerezza, la fiducia, la disinvoltura davanti al magico occhio della macchina da presa danno un caldo e forse illusorio senso di sicurezza. Tensione, distensione, lo stesso ritmo di respirazione, momenti di trionfo,

---

39 A questo punto un autore più impertinente si chiederebbe se Bergman riferisse l'affermazione a tutti i suoi film o ne limitasse l'ambito solo a questo film e a quell'attrice.

momenti di depressione. L'atmosfera è irresistibilmente carica di sessualità. Ci vollero molti anni perché imparassi finalmente a fermare la macchina da presa, a spegnere i riflettori per un giorno. [40] "

Tuttavia il bello e originale film di Ingmar Bergman fu inspiegabilmente ed erroneamente sottovalutato e, altrettanto frettolosamente, classificato fra quelli minori del grande regista svedese. Molte recensioni furono addirittura affidate e firmate dai vice. Numerosi critici italiani espressero pareri negativi[41]. Colpì, invece, molto positivamente, tra gli altri, anche

---

40 Ingmar Bergman, *Lanterna magica*, Garzanti, Milano, 1990.

41 Giacinto Ciaccio liquidò il film scrivendo: *Un dramma insieme bislacco, discutibile e commovente.* Mario Verdone definì il film: *Un film minore... un solo, efficace, studio di donna.* Alfonso Moscato, ritenne eccessivo, nel film: *... il parallelismo tra la natura e l'animo della ragazza.* (Dal libro: *Ingmar Bergman*, S.Trasatti, Ed.Il Castoro, Milano, 1995).

Francois Truffaut, il regista francese più in voga del momento.[42] Egli non solo ne parlò, ma ne scrisse, anche lui in termini entusiastici, almeno pari a quelli del collega precorritore Jean-Luc Godard. E citò apertamente sia il film che la Andersson in una celeberrima scena della sua opera più considerata. E' rimasta famosa, infatti, la scena de *I quattrocento colpi*[43] nella quale il ragazzino Antoine Doinel - chiaramente *alter-ego* del regista - stacca dalla bacheca di un cinema la celebre foto, tratta dai fotogrammi del film. In essa era raffigurata, appunto, Monica con gli occhi chiusi, il viso che sfida il sole e la scollatura del golfino abbassata a lasciarle completamente nude le spalle, parzialmente scoperti i seni e nascosti, a mala pena, gli

42 Introdotto al cinema, prima come critico poi come documentarista, dall'amico regista e critico più anziano Andrè Bazin.

43 Titolo originale: *Le quatre-cent coups* (1959).

intuibilissimi capezzoli. Immagine molto bella e - cosa che non guasta mai - grondante sensualità pura. Divenuta - anche, ma non solo per questo semplice motivo - icona del cinema bergmaniano e mondiale.

Il film, ad alto contenuto erotico, creò non pochi problemi a Ingmar Bergman, non solo negli altri paesi, ma addirittura per la sua distribuzione nelle sale cinematografiche della pur avanzata e disinibita Svezia. Anche nella versione originale svedese, infatti, fu tagliata l'inquadratura di Monica che si accarezza il seno voluttuosamente. Ma tutto il film fu censurato pesantemente. In particolare la forbice della censura colpì:

1) la scena in cui Monica fugge completamente nuda verso il mare, sotto gli occhi di Harry;

2) l'inquadratura di Monica stesa a

seno nudo sul motoscafo;

3) la scena nella quale Harry prende Monica quasi con la forza strappandole i vestiti di dosso.

Cercando materiale per il mio studio, sono anche venuto a conoscenza della sconfinata bibliografia che correda il film: frutto dello studio di numerosi, autorevolissimi critici cinematografici[44]. E anche di un curioso, gustosissimo aneddoto dal quale scaturì l'idea primigenia per la realizzazione dello storico, celeberrimo film. Lo stesso Ingmar Bergman così lo racconta nel suo libro-diario *Immagini*. "… *Mentre preparavo* Donne in attesa[45], *io e Per Anders Fogelstrom ci incontravamo*

---

44 Oltre a tutti gli altri citati il primo libro tra quelli non consultati, perché mai tradotto in italiano, è: *Monika de Ingmar Bergman* di Alain Bergala.

45 Altro notissimo film di Ingmar Bergman (Titolo originale: *Kvinnors vantan*, 1951).

regolarmente. Lui mi disse che era alle prese con la storia di una ragazza e di un ragazzo che scappano insieme e vivono in modo primitivo nell'arcipelago, prima di far ritorno nella società.[46] *(...) Ma è un film!* [47] (Esclamò Ingmar Bergman, stupefatto. - n.d.A.) *...Scrivemmo insieme la sceneggiatura, che fu consegnata alla Svensk-Filmindustri corredata da precise istruzioni per l'uso. La mia idea era di fare un film a basso costo, in condizioni improntate a una rigorosa semplicità, lontano dagli studi e riducendo al massimo il personale.* Monica e il desiderio *ebbe il segnale di via libera come mio secondo film ai tempi del mio contratto da schiavo. Il provino con Harriet Andersson e Lars Ekborg fu*

46 Ingmar Bergman, *Immagini*, Garzanti, Milano, 1992.

47 Olivier Assayas e Stig Bjorkman, *Conversazione con Ingmar Bergman*, Lindau, Torino 2007.

realizzato in uno degli ambienti preparati per Donne in attesa.*(...) Di nuovo passavo da un film all'altro.*[48]"

Nel frattempo lo scrittore Per Anders Fogelstrom, su un binario parallelo, ma distinto dal film, avrebbe continuato a lavorare alla stesura del suo romanzo[49]. Una sceneggiatura del film con lo stesso soggetto del romanzo, quindi, ma diversa dal romanzo stesso.

Mi pare il caso di ricordare qui, che nella scrittura originaria di Per Anders Fogelstrom il vero protagonista del romanzo è Harry Lund, un giovane in eterno conflitto generazionale con il padre, in uno scontro aperto e quotidiano con i suoi datori di lavoro e con la società. E che, solo nell'adattamento di Bergman per il cinema la protagonista diventa

<hr/>

48 Ingmar Bergman, *Immagini*, Garzanti Milano 1992.

49 Uscito nelle librerie nel 1953, quasi contemporaneamente al film nelle sale.

Monika. Mentre Harry retrocede al ruolo di co-protagonista[50].

Per la gioia di quanti hanno sempre accusato Ingmar Bergman di rivolgere una notevole quantità della sua misantropia contro buona parte dei personaggi maschili dei suoi film. Accompagnata, se vogliamo, a una congrua quantità d'indulgenza, se non di cedevolezza, nei confronti di tutti i suoi personaggi femminili[51]. E' noto come Ingmar Bergman riservasse, spesso nei suoi film, il compito di tollerare assai poco le donne[52] ad alcuni dei suoi personaggi maschili, anche tra i maggiori[53].

---

50 *Ingmar Bergman*, a cura di Antonio Costa, Marsilio, Venezia 2009, pag. 141, nota n.25.

51 G.Invitto: *Idee e schermi bianchi. Filosofia e cinema tra il mito e il falso.* Edizioni Mimesis - I Cabiri, Milano, 2007, pag. 119.

52 Forse un retaggio subliminale della presunta misoginia di Kirkegaard?

53 Un esempio su tutti in *Smulltronstallei* (*Il posto*

Sebbene, mi pare molto opportuno aggiungere qui, che, nel caso specifico, prima della fine del film, Monika esce di scena e Ingmar Bergman si disinteressa di far sapere allo spettatore quale sarà il destino che l'aspetta. Mentre, nel frattempo, Harry Lund s'innalza al ruolo di protagonista assoluto; quello originariamente previsto per lui da Per Anders Fogelstrom nel suo romanzo[54].

---

delle fragole, 1957), dove Isak Borg nelle sequenze iniziali dice: *Mia moglie Karin morì molti anni fa. Il nostro matrimonio fu alquanto infelice. Ho la fortuna di avere una buona governante.*

54 Mi permetterei sommessamente di consigliare a un intraprendente editore italiano, anche piccolo ma coraggioso, di riprendere la stampa del libro e la sua distribuzione nelle librerie italiane.

ANALISI

A dispetto dell'immagine di mangiatrice di uomini, di gran dama, che vuole cucirsi addosso e della maschera di signora che vuole sistemarsi sul volto di ragazza, Monika reca dentro di se un lato ancora assai *naif*, quasi infantile. Proprio non riesce ad accettare i suoi ruoli di donna, di madre e di moglie. E, con essi, tutte le grandi responsabilità che quei ruoli imporrebbero. Pare proprio che il suo amore sia finito. Pare che Monika abbia velocemente incenerito, prima ancora che la ardesse completamente, il suo grande amore estivo per Harry.

Quando Harry non c'è, come fosse una donna libera e indipendente, si prepara di tutto punto e riprende a frequentare locali equivoci e malfamati, dove beve e fuma; balla e ascolta musica americana. Dove non disdegna di accompagnarsi a uomini sconosciuti incontrati per caso. Dove va perché le piace farsi cullare dagli *swing*[55], quella nuova, originale musica, che viene da oltreoceano, moderna, carezzevole, erotica, diffusa dai primi *juke-box* a gettone. Quella musica sembra fatta apposta per abbracciarsi, toccarsi, strusciarsi. Monika sembra aver dimenticato molto presto l'estate d'amore e di passione per Harry. Quando le piaceva ballare avvinghiata solo al suo uomo; solo al suo Harry. E, comunque, adesso trova piacevole solo ballare con altri maschi, ascoltando quelle note carezzevoli, languide, ammalianti. In questi locali non le è difficile incontrare anche qualche sua vecchia fiamma che, evidentemente, nel frattempo non ha dimenticato. Si

---

55 Di uno *swing* parla lo stesso Ingmar Bergman a pagina 257 del suo libro-diario *Immagini*, descrivendo la scena decisiva dello sguardo in macchina di Monika, celebrata anche da Jean-Luc Godard.

rinfocolano presto ricordi a mala pena sopiti, solo a vedere ancora i volti dei tanti uomini che ha amato prima di Harry. E' proprio con uno di questi, Lelle, il vagabondo che aveva appiccato il fuoco alla loro barca - sì, proprio lui - che rispolvera la relazione interrotta alla fine dell'inverno dell'anno prima, e riprende a vedersi. Anche in questo caso ha dimenticato molto presto e troppo facilmente quello che Lelle ha combinato sull'isola. E' evidente che lei gli ha perdonato velocemente il suo terribile oltraggio. Ed è proprio con lui, che un giorno, Harry la trova in casa ad amoreggiare, tornando in anticipo da un viaggio di lavoro. *"Il destino è crudele: ti offre una gioia, ti fa sperare, e poi di colpo ti abbandona. E allora tutto crolla intorno a te nel fango e nella polvere.*[56]*"* Il giovane è

56 Frase tratta dalla sceneggiatura del film di Ingmar

deluso e arrabbiato ma non ha il coraggio di affrontare la moglie, almeno non immediatamente, non subito. La delusione è troppo cocente, la sorpresa di vederla in casa, a letto con un uomo che non è lui, gli infligge un colpo quasi mortale. Anche amareggiato, decide di attendere paziente. Fuma nervosamente per strada, mentre aspetta che l'amante di sua moglie abbandoni la loro casa. Quando, quello se ne va, sale velocemente le scale, quando entra è inevitabile che si accenda una lite furiosa. Dopo il violento litigio, l'ennesimo, nel quale Harry accusa Monika di adulterio - che lei peraltro non nega, confessando di amare ancora Lelle, la sua vecchia fiamma - si lasciano definitivamente. Monika, picchiata e insultata da un Harry furibondo e deluso, ma anche offesa

---

Bergman: *Sommarlek* (*Un'estate d'amore* - 1950).

profondamente, abbandona, senza alcuno scrupolo, la figlia, la casa, il marito. La sua vita. Le donne, a volte, possono essere più determinate e sfuggenti degli uomini. Quando cercano la libertà, sanno che essa può passare anche attraverso il rifiuto del loro legittimo ruolo di moglie e di madre. Contrariamente a quanto imporrebbe la morale comune non continuano, anche nelle difficoltà, a prendersi cura del legittimo marito e della figlia piccola e bisognosa di cure e d'amore. Monika, con un colpo di testa, ha deciso di abbandonare entrambi, assumendo l'atteggiamento indegno e biasimevole di una donna senza scrupoli, di una moglie crudele e di una madre scellerata. La ragazza immorale che si nascondeva dietro quella che pareva la dignitosa e devota Monika sceglie finalmente di assecondare i suoi bisogni, seguendo la libertà; inseguendo l'indipendenza dalle regole e dalle convenzioni sociali; perseguendo e anteponendo il piacere personale al responsabile dovere famigliare. Harry, ancora attonito e sconsolato, decide di lasciare la casa comune e di tornare a vivere dal padre, con la sua amata bambina. L'appartamento che avevano condiviso è svuotato rapidamente e, altrettanto rapidamente, abbandonato. Resta un guscio vuoto. I mobili sono venduti per strada dalla vecchia Zia Agda. La calda estate della giovinezza, della ribellione e della fuga dalla società che hanno giudicata ingiusta è irrimediabilmente finita. Per ironia della sorte, erano scappati insieme dalla *routine*, dalla quotidianità opprimente, e ora, alla fine dell'estate, fanno mestamente ritorno dalla fuga e della vita selvatica, che sono diventate anch'esse *routine*. Harry, considera l'atteggiamento determinato ma cervellotico di Monika un vero mistero. Non sa darsi pace. Si erano tanto amati! Solo qualche mese fa, lei pareva ancora tanto innamorata e devota; così attaccata a lui. Pareva non poter rinunciare al suo amore per tutta la vita. Nella stanza da letto, sul maestoso comò in stile direttorio di seconda mano che la Zia Agda ha regalato agli sposi, troneggia un grosso specchio rettangolare, bordato di legno, più largo che lungo; in verità un po' ammaccato e sbucciato dall'uso e dai frequenti traslochi, ma che, tutto sommato, restituisce un'immagine pulita, più che fedele. Harry Lund vi si specchiava ogni mattina, prima di uscire da casa; prima di andare al lavoro o all'università. Davanti allo specchio si dava gli ultimi ritocchi: scrutava la lunghezza della barba; appiattiva col polpastrello umido la curva delle sopracciglia; controllava il colore della lingua e lo stato delle gengive e dei denti; si ravvivava i capelli, passandosi le dita ossute e sottili tra le lunghe docili ciocche. Per l'ultima volta si aggiustava il nodo della cravatta, altrimenti sempre sbilenco. Solo alla fine, gettava, per l'ultima volta, prima d'uscire, l'occhio malizioso in direzione del letto. Lì lo attendeva, distesa e provocante, spesso discinta, la sua bella Monika, ancora mezza addormentata o appena sveglia, ma non del tutto vigile. Se il suo sguardo non avesse ricevuto come risposta da lei alcun ammiccante richiamo, avrebbe capito che poteva uscire dalla stanza e dalla casa tranquillamente. Se, invece, dagli occhi e dal corpo di quella femmina le fosse giunto un qualsiasi segnale; un richiamo sessuale, anche velato, anche appena accennato, allora era sicuro che sarebbe arrivato in ritardo al lavoro, magari un po' stanco, ma assai più soddisfatto. La qual cosa non avveniva raramente. Davanti a quello stesso specchio Monika passava la maggior parte del tempo quando stava in casa; si preparava prima di uscire; si ravvivava i lunghi capelli castani; si truccava gli occhi e le labbra. Controllava la propria immagine; aggiustava il suo aspetto fino al parossismo: doveva essere sempre impeccabile, non abbastanza, ma assai affascinante; e sempre pronta a sedurre. Oggi, in quello che pare lo schermo del cinema dove era andato in compagnia di Monika, Harry sembra scavare; cerca disperatamente quelle immagini; vuole trovare, vedere e rivedere quelle stesse scene. Come volesse leggere nello specchio[57] il suo

---

57 Nella scena finale del film Harry Lund rivede nello specchio le immagini dell'estate con Monika e un motoscafo che si allontana

futuro, proprio come farebbe un antico divinatore dalla superficie piatta della sua bacinella. Harry Lund si china nella culla. Alza fino a se, e l'avvicina al suo petto, delicatamente, la figlioletta Alma, le sorride ricambiato amabilmente; stringe amorevolmente fra le braccia il frutto del suo grande amore interrotto. Come farebbe una madre premurosa; come una Madonna nel dipinto di un maestro del rinascimento. La piccola Alma ricambia con un gran sorriso il largo sorriso del padre, e promette di restare il suo unico, solo grande amore. E Harry vuole condividere con lei il film che spera di vedere proiettato nel grande specchio. L'uomo e il padre si guardano malinconicamente riflessi. Ma lo specchio - ahimè! - rimanda solo immagini del passato: la fuga d'amore estiva, il mare, un'isola e una spiaggia,

---

lentamente dal centro della città.

riflessi di luce sul mare; Monika che saltella nuda sugli scogli e s'immerge in una pozza d'acqua di mare; Monika a seno scoperto sdraiata sulla prua del motoscafo che solca le onde e si allontana da Orno. Nel vetro, Harry non scorge niente che riguardi il suo futuro o il futuro di Alma. Pare riuscire a vedere solo il passato. Rifrazioni, come in un sogno, bello ma ormai sbiadito; solo il riflesso dei felici momenti passati sull'isola in compagnia di Monika. Capisce, finalmente, che la sensualità e la carnalità di Monica hanno sconvolto la sua vita. Ma capisce anche che Monika adesso non c'è più. Harry non sa nemmeno dove sia andata dopo la lite. Né che fine abbia fatto. Si disinteresserà del tutto al suo destino. Capisce, che quei momenti sono cessati definitivamente; non si ripresenteranno; che deve iniziare a rassegnarsi. Dopo il dolce calore dell'estate è arrivato il gelido inverno. Così come dopo una piacevole e spensierata giovinezza arriva sempre la dura vecchiaia. Con la fine dell'estate è finito anche l'amore di Monika. Con l'arrivo del rigido inverno è tornato anche il ghiaccio nel cuore di Monika. Ma lui lo ripeteva a Monika, nel corso delle loro lunghe, stancanti discussioni sull'isola: evadere dal contesto sociale di provenienza e dalle convenzioni non porta mai troppo lontani. Fuga e ribellione, fini a se stessi, non hanno alcun futuro. La vita quotidiana alla quale siamo votati, o condannati, finisce per afferrare e fare prigioniero anche chi, non volendo accettarla, cerca di sottrarsene. Era Monika che non voleva capire. Era Monika che voleva fuggire. Era Monika quella stanca e disgustata dalla vita. Alla fine di quella loro felice, entusiasmante parentesi, lui aveva capito che sarebbe arrivata la monotonia quotidiana fatta di gesti sempre uguali, responsabilità, studio, lavoro e famiglia. Harry sapeva anche che senza responsabilità non c'è nessuna libertà. *"Ecco siamo all'inferno! Ma assieme.*[58]*"* Per Harry Lund è arrivato il momento di attaccare i demoni davanti al carro da combattimento. Ed essi, finalmente, saranno costretti a rendersi utili[59]. La grande storia d'amore di Monika e Harry, segnata alla sua nascita da una grande passione, ma fondata anche su

---

58 La frase tratta dal film di Ingmar Bergman *Djavulens oga* (*L'occhio del diavolo* - 1960) è citata nel libro dell'autore: *Parla con Bergman*, (Aforisma *Inferno 2*, n. 32, pag. 37).

59 Ingmar Bergman, *Immagini*. La frase, riportata parzialmente nell'altro libro dell'autore *Parla con Bergman*, (Aforisma *Demoni*, n.87, pagina 86) è di Ingmar Bergman, da *Immagini* Garzanti, 1991, pagina 41: *"Ho avuto sempre la capacità di attaccare i demoni davanti al carro da combattimento. E loro sono stati costretti a rendersi utili."*

un'illusione giovanile altrettanto grande, si è ormai miseramente dissolta in una disillusione anche più grande. Il più delle volte gli amori paiono seguire il corso delle stagioni. A farci caso quasi tutti fioriscono in primavera; esplodono in tutta la loro vitalità prepotente d'estate; iniziano ad agonizzare in autunno e spirano tristemente durante l'inverno. La personalità di Harry, malgrado sembrasse quella più debole e fragile, si è dimostrata, alla fine, la più salda; quella che riesce a evolversi più positivamente nei riguardi della realtà, anche la più dura e drammatica. A differenza di Monika, che voleva tutto e subito, Harry pare aver capito che i sogni si costruiscono piano piano, con tanti sacrifici e partendo sempre dal basso. Un'altra breve ma intensa giornata è terminata. E con essa si è terminata pure un'altra breve, ma intensa stagione di sogni e disillusioni; d'amore e disprezzo, di desiderio e repulsione; di storie nate speranzose e mestamente naufragate nella sfiducia e nello scoramento. Un motoscafo si allontana sull'acqua. Lentamente. Forse è lo stesso che, nell'estate appena trascorsa, ha portato i due giovani amanti in fuga dal mondo; lo stesso della loro rabbiosa ribellione, ma anche della loro effimera libertà. La Stoccolma degli anni cinquanta, la città più grande ed elegante; la più antica e popolosa della Scandinavia, è una città indolente, sontuosa, affascinante e magica. Stoccolma, la città regale che si specchia nell'acqua - vezzosa come una signora ancora piacente - ora si va addormentando. E, come appare evidente, non sembra minimamente interessata ai drammi che si consumano per le sue strade, nelle sue case, tra le esistenze e nell'animo dei suoi numerosi abitanti. E' equidistante e neutrale. Ugualmente indifferente: agli sviluppi della grande storia del mondo; come al mediocre dipanarsi delle piccole, trascurabili storie degli uomini. Si rifiuta di frugare nella testa dei singoli individui; di penetrare nelle loro menti per indagare nei loro cervelli. Apertamente è disinteressata a conoscere il momento esatto in cui la speranza si trasforma in utopia e i sogni smettono, definitivamente, di essere sogni, per diventare, inesorabili e spietati, dura realtà. Ritiene che sia inutile? Questi fatti accadono, semplicemente? Si! Accadono quotidianamente. E continueranno ad accadere …sempre.

CONCLUSIONE

Non c'è alcun dubbio che il film viva e si regga quasi esclusivamente sulla presenza in scena (pressoché ininterrotta) e sulla intensa *performance* interpretativa di Harriet Andersson.

Secondo Olivier Assayas, che raccolse, con Stig Bjorkman, in un libro la sua *Conversazione con Ingmar Bergman*, quella di Harriet Andersson in *Monica e il desiderio* è una delle più grandi *performance* d'attrice alle quali lo spettatore abbia mai assistito.

Ingmar Bergman aggiunse: "...*Lei ha una storia d'amore con la macchina da presa. La macchina da presa la stimola e lei se ne sente estremamente stimolata. Una relazione molto strana....*"

Non c'è alcun dubbio che la sua recitazione originale, sfrontata, scandalosa, disinibita, da attrice consumata abbia lasciato una traccia indelebile nella storia del cinema mondiale.

Sempre Olivier Assayas, scrive: *"Uno degli elementi straordinari del film è Harriet Andersson. Sicuramente una delle più grandi attrici mai esistite".* La replica secca di Bergman: *"E' vero".*

Lo stesso Bergman (che, per qualche periodo, era stato legato sentimentalmente all'attrice) afferma: *"...Se lei la vede in* Monica e il desiderio *e poi in* Sussurri e grida... *io credo che lei...insomma...che lei sia una delle più grandi attrici del mondo".*

E ancora Bergman, indugiando, stavolta, sulle indubbie qualità fisiche dell'attrice: *"Harriet era molto bella. Aveva diciannove anni. Abbiamo fatto il film. Quello è stato un periodo bellissimo".*

E si giunge, così, al famosissimo sguardo in macchina di cui tanto si è parlato e scritto.

Il film, tuttavia, non fu molto ben accolto. Almeno dalla critica. Ebbe invece un discreto successo di pubblico. Fu recensito in modo molto discordante dai critici dell'epoca. Specie da quelli italiani, che non furono troppo clementi col regista svedese. L'accoglienza tiepida che ebbe in Italia, per fortuna non fu la stessa che ebbe in altri paesi.

Il film, nonostante l'epoca, è ad alto contenuto erotico e creò non pochi problemi ad Ingmar Bergman, non solo negli altri paesi, ma addirittura per la distribuzione nell'avanzata e disinibita Svezia. Anche nella versione originale svedese infatti fu tagliata l'inquadratura di Monika che si accarezza il seno voluttuosamente. E, nonostante il film, uscito nel 1953, fosse stato distribuito nel resto d'Europa con qualche anno di ritardo e in Italia, addirittura, nel 1961, fu censurato pesantemente.

E forse anche questa ragione ne ha fatto un mito che resterà in eterno nella storia del cinema.

NOTIZIE SUL FILM

Titolo originale	*Sommaren med Monika*
Lingua originale	Svedese
Paese di produzione	Svezia
Anno	1952
Durata	96 min
Colore	B/N
Audio	sonoro (mono)
Rapporto	1,37 : 1
Genere	drammatico
Regia	Ingmar Bergman
Sceneggiatura	**Ingmar Bergman e Per Anders Fogelstrom** (autore del romenzo omonimo)
Produttore	**Allan Ekelund**
Casa di produzione	Svensk Filmindustri
Distribuzione **(Italia)**	Indipendenti Regionali (1961)
Fotografia	Gunnar Fischer
Montaggio	Tage Holmberg e Gosta Lewin
Musiche	Les Baxter, Erik Nordgren, Eskil Eckert-Lundin, Walle Söderlund
Scenografia	P. A. Lundgren

PERSONAGGI E INTERPRETI

Harriet Andersson **Monica**

Lars Ekborg **Harry**

John Harryson **Lelle**

Georg Skarstedt **padre di Harry**

Dagmar Ebbesen **zia di Harry**

Ake Friddell **padre di Monica**

Naemi Briese **madre di Monica**

Ake Gronberg **compagno di lavoro di Harry**

BIBLIOGRAFIA

Ingmar Bergman, *Lanterna magica.*

Ingmar Bergman, *Immagini.*

Antonio Costa, *Ingmar Bergman*

O. Assayas-S. Bjorkman, *Conversazione con Ingmar Bergman.*

Salvatore M. Ruggiero, *Il Genio di Uppsala, Il grande cinema di Ingmar Ernst Bergman spiegato a chi lo ignora.*

Claudio Papini, *Ben tornato, Ingmar Ernst.*

Arturo Corsani, *Il libro che affiora.*

Jacques Mandelbaum, *Ingmar Bergman.*

Sergio Trasatti, *Ingmar Bergman.*

INDICE

www.ingramcontent.com/pod-product-compliance
Lightning Source LLC
Chambersburg PA
CBHW062118280526
45788CB00003B/1509